O CORAÇÃO PATERNO de DEUS

JOHN DAWSON

Do Original
The Father Heart of God
©1983, 1984. Last Days Ministries
©2009 by Editora Betânia

Publicado Originalmente por
Last Days Ministries
Box 40, Lindale, TX 75771-0040
EUA

Tradução
Neusa Vilaça da Silva

Revisão
Rita Leite

Capa
Manoel Menezes

Ficha catalográfica elaborada por Ligiana Clemente do Carmo Damiano. CRB 8/6219

Dawson, John
 O Coração Paterno de Deus / John Dawson; tradução de Neusa Vilaça da Silva - 3.ed. - Curitiba: Betânia, 2022.
 24p.; 15,6 cm.

 Titulo original: *The Father Heart of God*, c1984.
 ISBN 978-85-358-0254-2

 1. Vida Cristã. 2. Atributos de Deus. I. Título
 CDD 231.

1.ª edição, 1986   2.ª edição, 2009   3.ª edição, 2022

É proibida a reprodução total ou parcial deste livro, sejam quais forem os meios empregados: eletrônicos, mecânicos, fotográficos, gravação ou quaisquer outros sem autorização por escrito dos editores.

Todos os direitos reservados pela

Editora
Betânia
Av. Iguaçu, 1700 B, Água Verde
80240-030 Curitiba, PR
www.editorabetania.com.br

Introdução

Você, alguma vez, já imaginou o que Deus pensa a seu respeito? Acha difícil crer que ele o ama o tanto que a Bíblia diz que ama? Deus é tão grandioso e algumas vezes parece tão distante – mas como ele é realmente? Você o conhece de verdade? Sim, você tem ouvido seus ensinos, mas conhece alguma coisa a respeito das emoções ou do caráter de Deus?

Uma das revelações mais maravilhosas da Bíblia é a de que Deus é o nosso Pai. Em que você pensa quando ouve a palavra "pai"? Pensa logo em proteção, afeto e ternura? Ou a palavra "pai" pinta outros tipos de quadro para você? Deus se revela a si mesmo, na Bíblia, como um pai gentil e perdoador, intimamente envolvido com os mínimos detalhes de nossa vida. É um quadro, não somente belo, mas também verdadeiro. Entretanto, cada pessoa parece ter uma ideia diferente de como Deus é, porque costumamos associar os sentimentos e impressões que temos do nosso pai terreno ao nosso conceito do Pai celestial. A experiência pessoal de cada indivíduo com a autoridade humana é normalmente transferida para aquilo que diz respeito a Deus. Boas experiências nos aproximam do conhecimento e da compreensão de Deus, assim como experiências ruins criam imagens distorcidas do amor do nosso Pai por nós.

O que Deus tinha em mente quando criou a família? A Bíblia diz: "Deus faz que o solitário more em família..." (Sl 68.6.) A família é basicamente o círculo de relações entre um homem e uma mulher adultos, no qual seres humanos pequeninos e dependentes nascem e são criados. Por que razão chegamos a este mundo como pessoas tão desamparadas e incapazes para, então, pouco a pouco, irmos crescendo física, mental e emocionalmente, até chegarmos a ser adultos capazes? Já imaginou por que Deus não providenciou um outro sistema de reprodução que resultasse em indivíduos fisicamente completos, como Adão e Eva, sua criação original?

Creio que Deus quis que nós viéssemos a este mundo totalmente dependentes e indefesos, porque deseja que a unidade familiar seja um lugar onde seu amor possa ser demonstrado tanto aos pais quanto aos filhos. É como pais que verdadeiramente começamos a entender o coração de Deus em relação a nós, *seus* filhos. E como filhos, a vontade de Deus é que vejamos o seu amor revelado através da ternura, da misericórdia e da disciplina dos pais.

Mas, e se não foi assim com você? E se seus pais falharam de alguma maneira na questão da autoridade paterna? Muitos têm sido magoados e sofrido rejeição por parte da família, e por isso é-lhes difícil ver Deus como ele realmente é. É essencial que compreendamos o caráter de Deus se queremos amá-lo, servi-lo e *ser como ele é*.

Desejo falar sobre seis áreas em que é comum termos uma concepção errada de Deus e do seu amor por nós. Para facilitar a compreensão, estarei me referindo quase que exclusivamente às qualidades da paternidade de Deus. Entretanto, uma revelação do amor paterno de Deus seria incompleta sem a presença dos atributos da afeição tanto paterna quanto materna. *"Criou Deus, pois, o homem à sua imagem, à imagem de Deus o criou; homem e mulher os criou."* (Gn 1.27.) Gostaria que você, num retrospecto de sua vida, observasse se seu relacionamento com Deus tem sido dificultado por causa de alguma falha ou pela ausência de carinho da parte de um ou de ambos os seus pais.

1. A Autoridade dos Pais

Alguma vez, você, ao chegar à casa de um amigo, foi recebido, à porta de entrada, pelo cão da casa? Se não for um cão de guarda, ele pode se comportar de duas maneiras: ou ele vai se encolher todo, tremendo de medo, ou vai saltar sobre você, exibindo uma afeição que você não deseja receber, demonstrada através da língua, cauda e patas sujas. O cachorrinho amedrontado, que não se deixa induzir a confiar em você, foi, obviamente, maltratado. Por outro lado, a exuberante tentativa de demonstração de afeto, por parte do animal, resulta de um lar cheio de amor.

Da mesma forma pode acontecer quando Deus se aproxima do homem. Nossas experiências passadas é que ditam nossa reação quando Deus se inclina para nós. Oseias, o "profeta chorão", ouviu a voz de Deus dizendo:

> *"Quando Israel era menino, eu o amei; e do Egito chamei o meu filho. Quanto mais eu os chamava, tanto mais se iam da minha presença; sacrificavam a baalins e queimavam incenso às imagens de escultura. Todavia, eu ensinei a andar a Efraim; tomei-os nos meus braços, mas não atinaram que eu os curava. Atraí-os com cordas humanas, com laços de amor; fui para eles como quem alivia o jugo de sobre as*

suas queixadas e me inclinei para dar-lhes de comer." (Os 11.1-4.)

A autoridade de Deus não é ríspida nem vingativa; pelo contrário, sua maneira gentil e sua longanimidade são extraordinárias.

Um dia desses entrei apressado no meu gabinete, necessitando encontrar urgentemente algumas informações que havia arquivado. Enquanto eu, freneticamente, dava uma busca nos meus papéis, o meu filho de cinco anos assoprava, repetidas vezes, o seu agudo apito de lata. Disse-lhe várias vezes que parasse. Houve um período de silêncio, seguido de um assovio ensurdecedor, exatamente ao pé do meu ouvido, acompanhado de uma rajada de saliva. Voltei-me imediatamente, acertei-o com as costas da minha mão e gritei com ele, irado. Imediatamente senti que havia entristecido o Espírito de Deus. Lembrei-me da afirmação bíblica de que Deus é tardio em irar-se e tem prazer em ser misericordioso. Tomei o meu filho nos braços e pedi-lhe que me perdoasse. Era perfeitamente acertado corrigir a sua desobediência, mas nossos filhos devem sempre saber que os disciplinamos porque os amamos e não para dar vazão a uma frustração momentânea.

Por toda parte, nosso Pai celestial vem sendo difamado e mal representado, pela crueldade e egoísmo do homem, não somente no lar, mas em todos os lugares onde o governo humano é exercido. Ignorando suas leis de amor, continuamos a executar a injustiça para com todos os que são menores e mais fracos do que nós.

A que horrores estará Deus assistindo neste momento? No meio da noite, uma porta de quarto é aberta bruscamente e um garoto é acordado com violência por um homem bêbado e irado.

"Você deixou a torneira do quintal aberta; ficou tudo alagado! Eu vou lhe ensinar, garoto!"

A criança aterrorizada é espancada sem misericórdia pela figura amedrontadora, que ela chama de "Papai".

Uma prostituta de quinze anos de idade, olhos inexpressivos, mecanicamente vive mais uma noite de degradação. Ela não mais se importa com o que lhe possa acontecer. Não se sente limpa desde a noite em que foi molestada pelo próprio pai.

Uma geração sofredora atravessa, aos tropeções, os seus anos de juventude, para depois infligir os mesmos sofrimentos aos seus próprios filhos. Isso continua de geração em geração. Será que não há ninguém que os console? Quem servirá de pais aos filhos dos homens? Quem tem os braços amplos o bastante para abrigar todas as crianças solitárias do mundo? Quem chora por causa de nossas dores? Quem nos consolará em nossa solidão? *Somente Deus, um Pai de coração partido*, que é rejeitado pelos pequeninos que ele anseia curar. Nosso problema é que, como o cachorrinho maltratado, fugimos e nos afastamos daquele que julgamos ser como as demais autoridades em nossa vida. Mas ele não é. Ele é o perfeito amor. Foi Deus quem de esta ordem aos pais: "E vós, pais, não provoqueis vossos filhos à ira, mas criai-os na disciplina e na admoestação do Senhor" (Ef 6.4).

2. A Fidelidade dos Pais

Toda promessa de Deus será cumprida. Ele é sempre amoroso. O motivo central do seu coração permanece o mesmo através dos tempos e da eternidade. Ele nunca muda. Tudo que quer é mostrar amor e perdão.

Você não confia em Deus? Nossa falta de confiança o magoa profundamente. Como me sentiria se, após uma longa viagem, eu voltasse para casa e minha esposa e filhos fugissem de mim quando abrisse a porta e chamasse seus nomes? Eu ficaria terrivelmente magoado.

Você é filho de Deus e agora mesmo ele chama o seu nome, mas talvez lá no íntimo você duvide da fidelidade dele. Talvez quando criança, você tenha experimentado a total ausência de seu pai por motivo de morte ou abandono. Ou então, quem sabe, foi por exigência da carreira abraçada por ele? Ou será que é a lembrança de promessas não cumpridas, ou de negligência para com sua pessoa na sua infância, que ainda o persegue? Alguns de vocês, leitores, choravam horas seguidas, quando eram bebês, mas ninguém vinha aliviá-los do desconforto e da fome. Outros mais ficavam soluçando atrás de portas trancadas, esquecidos e solitários quando ainda pequenos.

Você tem dificuldade de perceber a presença do Pai? O seu coração é dócil para com Deus ou es-

endurecido pelo cinismo e incredulidade? Procure olhar nos olhos dele e veja o seu amor por você. "De maneira alguma te deixarei, nunca jamais te abandonarei... E eis que estou convosco todos os dias até à consumação do século." (Hb 13.5; Mt 28.20.)

Talvez você diga: "Mas se ele me ama tanto, então por que não o vejo e nem o sinto perto de mim?" A culpa não é de Deus, amigo, mas minha, e daqueles que já conhecem pessoalmente o amor dele. Inúmeras vezes temos falhado, quando deveríamos ser a voz e as mãos de Deus para aqueles que não o conhecem. Bem poucos se dispõem a ser guiados pelo coração condoído de Jesus, em direção aos recantos escuros deste mundo, onde os pobres e necessitados o estão aguardando. Jesus não se sente atraído a *lugares* agradáveis, mas sim a pessoas de *coração* ferido. Ele nos busca, com o seu amor, desde o nosso primeiro momento de vida até o dia em que morremos.

O seu Pai celestial estava presente quando você deu os primeiros passos, quando criança. Ele estava presente quando você sofreu mágoas e decepções. Ele está presente agora mesmo. Por um breve período, você foi emprestado a pais terrenos que deveriam tê-lo cercado de amor semelhante ao do Pai celeste. Mas você é e sempre será um filho de Deus, feito à sua imagem. Seu Pai amoroso o espera, ainda agora, com braços estendidos. O que poderia mantê-lo afastado dele?

Poucas pessoas chegam a conhecer a Deus

em toda a sua graça durante esta vida passageira. Muitos são como o ladrão crucificado ao lado de Jesus. A princípio tudo o que ele via era um corpo ensanguentado, desfigurado, mas logo começou a perceber a verdadeira natureza de Jesus e no derradeiro minuto entrou, pela fé, para a família de Deus. Também nós devemos ver além das caracterizações religiosas e comerciais que cercam a pessoa de Jesus e contemplar o Deus de amor que ainda nos espera de braços abertos, dizendo: "Eu vim para que tenham vida e a tenham em abundância" (Jo 10.10).

"Mesmo quando estivermos fracos demais e não nos restar nenhuma fé, ele continua fiel para conosco e nos ajudará, pois não pode repudiar-nos, porque somos parte dele mesmo." (2 Tm 2.13 – *A Bíblia Viva.*)

3. A Generosidade dos Pais

Alguns anos atrás, numa aldeia do Sul do Pacífico, parei para observar as crianças brincarem. Ocorreu-me que aquelas crianças, muito raramente, ouviriam as palavras: "Não mexa nisto! Deixe isto aí! Tome cuidado!" As casas ali eram simples, de chão batido, cobertas de sapé e com esteiras enroladas que à noite eram descidas para servir de paredes.

Em contraste, nossas casas modernas estão entulhadas de móveis caros e frágeis, de aparelhos e enfeites que representam um campo minado de rejeição e repreensão potenciais para os pequenos exploradores que estão começando a andar. Quantas mães já não explodiram de raiva com uma criança que estragou um objeto caro ou de elevado valor sentimental. As crianças são constantemente lembradas da importância das coisas – *seu* valor, e como ter cuidado com *elas*. Bem poucas vezes elas ouvem estas palavras simples: "Eu amo você".

E enquanto isso uma cantiga repetitiva e destrutiva vai penetrando no subconsciente de nossos filhos: "As *coisas* são mais importantes do que *eu*. As *coisas* são mais importantes do que *eu*!" O que devemos fazer? Abandonar nossas casas? É claro que não. Mas realmente precisamos compreender que o nosso conceito da generosidade de Deus pode ter sido distorcido por causa das nossas experiências na infância.

A verdade é que Deus é generoso por natureza. A criação nos apresenta um elevado nível de cor, complexidade e desenho que vão além do simples valor funcional. Neste momento, nas alturas dos Alpes Italianos, uma flor branca, minúscula, brilha à luz do sol. Ela jamais foi vista por olhos humanos em todas as suas fases de florescimento; também não é uma parte essencial da cadeia alimentícia. Foi criada por Deus na esperança de que, um dia, alguém pudesse olhar para ela e ser abençoado por sua beleza.

A maior demonstração do coração paterno de Deus parece estar na sua atenção aos detalhes da nossa vida. Ele nos faz surpresa daquelas coisas extras, daqueles pequenos prazeres e preciosidades pelas quais somente um pai saberia que ansiávamos. Deus não é mesquinho, possessivo ou materialista. *Nós* usamos as pessoas para conseguir as coisas; ele usa as coisas para abençoar as pessoas.

Minha família e eu somos missionários desde 1972, confiando em Deus quanto às nossas necessidades diárias. Podemos testificar que Deus supre além de nossas necessidades básicas de alimento, vestuário e abrigo, na sua providência para conosco. Servimos a um Deus verdadeiramente generoso! O salmista disse: "Confia no Senhor e faze o bem; habita na terra e alimenta-te da verdade. Agrada-te do Senhor, e ele satisfará os desejos do teu coração. Entrega o teu caminho ao Senhor, confia nele, e o mais ele fará" (Sl 37.3-5).

4. A Afeição dos Pais

Você faz ideia de quão atraente você é para Deus? Um dos maiores obstáculos ao nosso caminhar com ele é a sensação de que a nossa carne lhe é repugnante por causa do pecado. Quando o meu filhinho está todo sujo do barro do quintal, dou-lhe um banho com a mangueira do jardim. Rejeito o barro, mas não o menino. É verdade que você pecou. É verdade que feriu o coração de Deus. Mas continua sendo o centro das afeições de Deus – a menina dos seus olhos. É ele quem nos busca com o seu coração perdoador. Costumamos dizer: "Achei o Senhor", mas, na verdade, ele é quem nos achou.

Muitas crianças, principalmente os meninos, não recebem nenhuma manifestação física de afeição por parte de seus pais, e nem mesmo um pouco de compaixão, quando se machucam. Um falso conceito de masculinidade nos leva a dizer: "Não chore, meu filho, os meninos não choram". Jesus não é assim. Sua compaixão e compreensão são imensuráveis. Ele sente as nossas dores mais intensamente do que nós mesmos, porque a sua sensibilidade ao sofrimento é muito maior.

Certa vez, tive de segurar o meu filho de dois anos enquanto um médico dava pontos em um grande corte em sua testa. Ele chorou bastante, mas logo se esqueceu da sua dolorosa experiência e adormeceu em meus braços. Mas para mim a experiência foi puro tormento e sofri durante horas. Você já se esqueceu da maioria de suas dores, mas Deus, não. Ele se lembra perfeitamente de cada momento de sua vida. Suas lágrimas ainda estão misturadas às dele neste exato momento.

Deus estava presente quando você foi alvo de cruel zombaria no pátio da escola e quando caminhou sozinho, evitando os olhares dos outros. Naquelas aulas difíceis de Matemática, quando você se sentia tão confuso e desanimado, ele estava com você. Quando, aos quatro anos de idade, você se perdeu dos seus pais e perambulou apavorado por entre a imensa multidão, foi Deus quem moveu o coração daquela senhora que o ajudou a achar a sua mãe. "Atraí-os com cordas humanas, com laços de amor..." (Os 11.4.)

Algumas vezes, não entendemos o quanto Deus é um "pai coruja". É comum os pais exibirem para os amigos dentinhos de leite, uma mecha de cabelos, um álbum de retratos, ou troféus escolares na parede – mas como comparar isso à infinita capacidade divina de se regozijar com cada sucesso nosso? Na realidade, foi Deus quem ouviu você pronunciar a sua primeira palavra de verdade. As horas que você passou explorando novas superfícies, com mãos de criança, eram um deleite para seu Pai celestial; entre seus maiores tesouros estão as lembranças do seu riso infantil. Nunca houve uma criança como você e nem haverá jamais.

Certa vez, Moisés invocou uma bênção sobre cada tribo de Israel, e para uma delas foi: "... todo o dia o SENHOR o protegerá, e ele descansará nos seus braços" (Dt 33.12). Que bênção fantástica! Mas é lá que *você* descansa também. Não importa quem você se torne aos olhos dos homens. Ainda que seja alguém de grande autoridade, fama ou título, não passará de um simples bebê nos braços de Deus.

5. A Atenção dos Pais

Há um atributo de Deus que nem mesmo os melhores pais podem ter esperança de imitar – é a capacidade que ele tem de estar com você o tempo todo. Não há como darmos constante atenção, 24 horas por dia, aos nossos filhos. Somos seres finitos, que só podem se concentrar em uma coisa de cada vez. Deus, não apenas está com você o tempo todo, mas lhe dá atenção total. "Lançando sobre ele toda a vossa ansiedade, porque ele tem cuidado de vós." (1 Pe 5.7.) O mesmo versículo, na paráfrase da *A Bíblia Viva*, diz: "Deixem com ele todas as suas preocupações e cuidados, pois ele está sempre pensando em você e vigiando tudo o que se relaciona com vocês".

Deus está constantemente pensando em você e seus pensamentos amorosos correm, sem interrupção, em sua direção, como se ninguém mais existisse no mundo, além de sua pessoa. Alguém pode dizer: "Como é que ele consegue isso? Como pode estar pessoalmente envolvido, com bilhões de indivíduos ao mesmo tempo?" Eu não sei, mas o que sei é que isso não é problema para o Criador do mundo. Talvez a explicação esteja no fato de que os seus pensamentos são rápidos. Há mais de seis bilhões de pessoas neste planeta. Deus criou coisas na natureza, que pulsam com incrível rapidez. Ouvi dizer que a estrutura molecular do crist de quartzo vibra numa frequência de nove bilhões de movimentos por segundo. Se Deus pudesse pensar apenas com essa rapidez, ele teria condições de pensar em você, com amor, mais de uma vez a cada segundo, sem prejuízo de sua capacidade de se relacionar com o restante de seus filhos. Quem sabe como ele faz isso? Não importa; apenas aproveite! No que lhe diz respeito, é somente você e Deus. Você não tem de *conseguir* a atenção dele; ele está sempre ouvindo. Não se preocupe de estar tomando o tempo dele... é todo seu.

Seus pais, não raro, estavam preocupados com as próprias atividades, e por vezes não demonstravam muito interesse nas pequenas "aventuras" de sua vida. Deus, porém, não age assim. Ele se preocupa. Ele é um Deus de detalhes. Por que razão a Bíblia diz que o Senhor enumerou os cabelos de nossa cabeça? Não é que ele esteja interessado em matemática abstrata; tampouco é um computador desejando dados. Sabe, ele está é tentando mostrar-nos a que nível de detalhe nos conhece e se preocupa conosco.

Um garotinho trabalha a tarde toda batendo pregos em uns retalhos de madeira. Ele finalmente termina e vai correndo mostrar à mãe a nave espacial que fez. Ele mal pode esperar até que o pai chegue em casa. O pai está atrasado. Às 18:30, finalmente, ele chega – cansado e preocupado. Um jantar frio o espera, e também uma pilha de documentos e formulários do imposto de renda. O menino, entusiasmado, orgulhosamente exibe o seu artesanato a um pai que mal levanta os olhos da calculadora. O pai nada viu, nada apreciou, mas Deus, sim. Deus Pai sempre viu, sempre se deleitou, com o trabalho de suas mãos. Ele é o seu verdadeiro Pai, e sempre o será. Não se ressinta das falhas de seus pais terrenos. Eles são apenas crianças que cresceram e tiveram outras crianças. Antes, alegre-se no amor maravilhoso de seu Deus Pai.

6. A Aceitação dos Pais

Nós vivemos em uma sociedade em que a aceitação é condicionada a realizações: se você conseguir ser titular no time, se alcançar boas notas na escola, se ficar bonita, se tiver dinheiro, se ganhar. O reino deste mundo é um reino de rejeição; o de Deus, um reino de amor incondicional. As promessas de Deus são condicionais; precisamos obedecer-lhe para recebermos as suas bênçãos. O seu amor, porém, é incondicional. Não é preciso esperar para experimentar o amor de Deus. Venha como você está. Seja honesto com ele quanto ao seu pecado. O Senhor se alegrará em perdoar-lhe. Mesmo quando você se afundava nas profundezas de sua rebelião passada, ele já o amava. Até mesmo os julgamentos de Deus são motivados pelo amor.

Muitos não conseguem receber o amor e a aprovação de Deus. Estão aprisionados num relacionamento como que de escravos com o deus cruel da sua imaginação. Uma verdadeira relação de amor envolve dar e receber demonstrações de amor. Há uma noite da qual sempre me lembrarei – a noite em que eu me declarei à minha esposa, Julie. Eu a beijei e pedi-lhe que se casasse comigo. Que aconteceria se ela tivesse respondido algo assim: "Eu lavarei as suas meias, limparei o seu carro e editarei as suas cartas"? Eu não queria ouvir isso!

Queria uma resposta que correspondesse aos meu[s] sentimentos de amor por ela. Queria saber se el[e] sentia a mesma coisa por mim.

Como você reage quando Deus simplesment[e] lhe diz que o ama? Você é capaz de aquietar-se [e] saber que ele é Deus, em vez de correr em frenétic[a] atividade para conseguir a sua aprovação? (Sl 46.10[)]

Um dos maiores símbolos de paz e conten[tamento está no bebê adormecido nos braços d[a] mãe, após ter sido amamentado. A criança não s[e] contorce nem exige mais; apenas descansa ent[re] braços amorosos. Uma suave alegria desponta n[os] versos da canção de ninar, entoada pela mãe e[m] ocasiões como essas. O profeta Sofonias descre[ve] uma emoção semelhante que brota no coração [de] Deus: "O SENHOR, teu Deus, está no meio de [ti, poderoso para salvar-te; ele se deleitará em ti co[m] alegria; renovar-te-á no seu amor, regozijar-se[-á] em ti com júbilo" (Sf 3.17).

Não fique tão inquieto na presença de De[us.] Corrie ten Boom tem um conselho simples a d[ar] para esta geração. Ela, que experimentou mu[ito] sofrimento nas mãos dos nazistas e ainda ass[im] alcançou grande vitória espiritual, disse certa v[ez:]

"Não briguem... abriguem-se!"

Que verdade simples, porém profunda!

Deus *já* o ama. Toda a sua vida foi realiza[r] competir. Mesmo ainda nenezinho, você era co[m]parado aos outros bebês. As pessoas afirmavam [que] você era "muito gordo" ou então "muito magro"[,] que tinha "as pernas dele" ou "o nariz dela", [...]

Deus se encantava e ainda se encanta com sua singularidade. É quando você se aquece no amor do Pai que Deus é motivado a regozijar-se no seu amor, regozijar-se em você com júbilo.

Sim, há muita coisa ainda para ser feita em você e através de você. Haverá dias quando Deus o fará sentir profunda convicção de pecado, mostrando-o áreas de sua vida que precisam ser mudadas, submetidas e confiadas a ele. Mas Deus não está sempre exigindo mudanças. Ele conhece suas possibilidades e dá-lhe a graça e o poder para fazer aquilo que requer de você. Ele é terno e compassivo. Na maioria das vezes, ele apenas diz: "Eu o amo", e suavemente pronuncia o seu nome.

Conclusão

Se você entende que foi prejudicado em seu relacionamento com Deus devido a alguma falha no amor de seus pais, apresente isso ao Senhor em oração. Você deve buscar perdoar de coração qualquer que o tenha ferido. Se, não, a amargura que nutre o consumirá e você não achará paz com Deus. Entenda, também, que você não é o único nessa situação. Ainda não encontrei uma só pessoa perfeita, ou um pai ou mãe que não tenha cometido erros. Todo mundo sofre algum tipo de ofensa na vida. Uma das chaves para a libertação encontra-se no perdão.

O importante é que você siga em frente e chegue a conhecer Deus como ele realmente é – não como você *pensa* que ele seja. Ele é o Pai perfeito que sempre disciplina em amor. É fiel, generoso, bom e justo. Ele o ama e anseia por gastar tempo com você. O Senhor quer que você receba o seu amor e saiba que é uma pessoa singular e especial para ele.

Você aceita o amor e a afeição de Deus? Não deseja se abrir e participar de uma relação íntima com seu Pai verdadeiro? Ele está esperando, pacientemente, que você venha. Peço a Deus que você compreenda o amor que ele tem por você e atenda ao apelo do coração paterno de Deus.